Colección LECTURAS DE ESPAÑOL

Lecturas de Español **son historias interesantes, breves y llenas de información sobre la lengua y la cultura de España e Hispanoamérica. Con ellas puedes divertirte y al mismo tiempo aumentar tus conocimientos. Existen seis niveles de lecturas (elemental I y II, intermedio I y II y superior I y II), así que te resultará fácil seleccionar una historia adecuada para ti.**

En *Lecturas de Español* **encontrarás:**
- **temas e historias variadas y originales,**
- **notas de cultura y vocabulario,**
- **ejercicios interesantes sobre la gramática y las notas de cada lectura,**
- **la posibilidad de compartir tu lectura con otros estudiantes.**

NIVEL INTERMEDIO - I

Muerte entre muñecos

Coordinadores de la colección:
    Abel A. Murcia Soriano (Instituto Cervantes. Cracovia)
    José Luis Ocasar Ariza (Universidad Complutense de Madrid)

Autor del texto:
    Julio Ruiz Melero

Explotación didáctica:
    Abel A. Murcia Soriano
    José Luis Ocasar Ariza

Maquetación e ilustraciones:
    Raúl de Frutos Pariente

Diseño de portada:
    Carlos Casado Osuna

Diseño de la colección:
    Antonio Arias Manjarín

© Editorial Edinumen, 2009
© José Luis Ocasar Ariza
© Abel A. Murcia Soriano
© Julio Ruiz Melero

ISBN: 978-84-89756-70-0   Reedición: 2009
Depósito Legal: M-4571-2009
Impreso en España
Printed in Spain

Imprime: Gráficas Glodami. Coslada (Madrid)

Editorial Edinumen
José Celestino Mutis, 4 - 28028 Madrid (España)
Teléfono: 91 308 51 42
Fax: 91 319 93 09
e-mail: edinumen@edinumen.es
www.edinumen.es

Muerte entre muñecos

Julio Ruiz Melero

ANTES DE EMPEZAR A LEER

1. En el título de esta "historia", *Muerte entre muñecos*, aparece la palabra muerte. A continuación tienes una serie de tipos de escritos, marca aquellos en los que, en tu opinión, la muerte suele jugar un papel fundamental.

   - ❏ Poesía amorosa
   - ❏ Biografía
   - ❏ Memorias
   - ❏ Ciencia-ficción
   - ❏ Ensayo
   - ❏ Autobiografía
   - ❏ Novela policiaca
   - ❏ Fábula
   - ❏ Crítica literaria
   - ❏ Aventuras
   - ❏ Leyenda
   - ❏ Libro de caballerías

   Justifica tu elección _____
   _____
   _____

2. A continuación tienes una serie de géneros literarios y una serie de dibujos. Asocia cada imagen a un género literario.

   A. Poesía amorosa
   B. Leyenda
   C. Ciencia-ficción
   D. Novela policiaca
   E. Novela de aventuras
   F. Libro de caballerías

   1. ❏
   2. ❏
   3. ❏
   4. ❏
   5. ❏
   6. ❏

ANTES DE EMPEZAR A LEER

3. Fíjate bien en la imagen que has relacionado con la novela policiaca y compárala con la fotografía de la cubierta del libro. ¿Qué elementos en común puedes señalar?

_____
_____
_____

¿Qué elementos tiene que tener, en tu opinión, una novela policiaca? Anota las características que crees necesarias y comenta tu elección después con tu profesor y con tus compañeros.

_____
_____
_____

4. En las novelas policiacas pueden aparecer detectives, espías, policías... Todos conocemos a Sherlock Holmes, a James Bond, o tenemos en mente la imagen de un típico policía... Teniendo en cuenta ese conocimiento del mundo que compartimos, agrupa los objetos que tienes a continuación en la casilla que les corresponda.

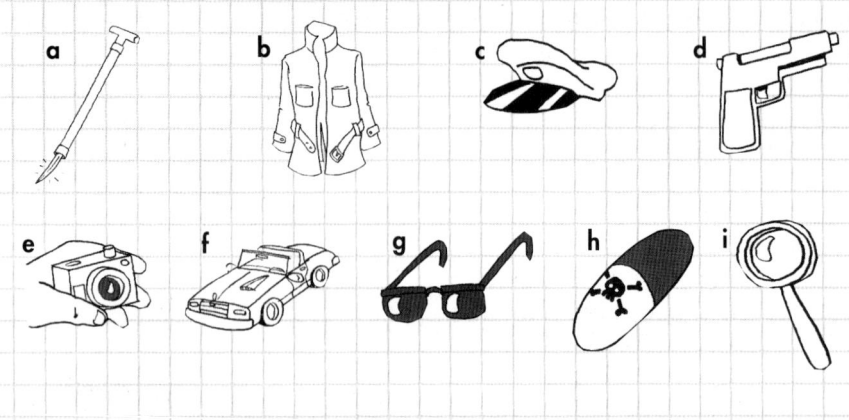

Sherlock Holmes (detective)	**James Bond** (espía)	**Policía**

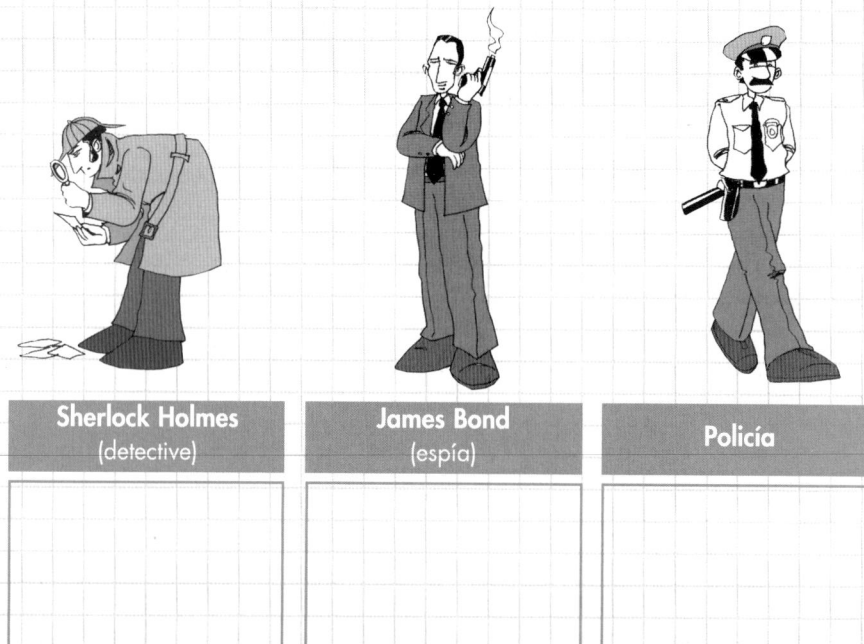

Ahora, después de haber colocado los objetos en las casillas correspondientes (como has visto, en algunos casos hay más de una posibilidad), fíjate bien en la lista de palabras que tienes a continuación y relaciona los objetos que has visto con el nombre que les corresponde.

1. Lupa	a.
2. Gabardina	b.
3. Gorra	c.
4. Pistola	d.
5. Coche	e.
6. Cámara de fotos en miniatura	f.
7. Bastón (con cuchillo camuflado)	g.
8. Cápsulas con veneno	h.
9. Gafas de sol oscuras	i.

5. Describe, brevemente, a uno de estos famosos personajes de novela (Sherlock Holmes, James Bond, etc.).
Puedes hablar de su aspecto físico, de su carácter, de su ideología...

_____
_____
_____
_____

I

El timbre del teléfono me despertó, sobresaltada, cuando soñaba que mi hija se casaba **por todo lo alto en la mismísima iglesia de Santa María del Mar**. Estaba tumbada sobre el sofá de mi despacho, en la parte vieja de la ciudad, cerca del **Ensanche**. La **siesta** era obligatoria con aquel calor y además tenía pocos clientes. Bueno, no tenía clientes, ni crédito en el banco, ni señora de la limpieza, ni una secretaria en la agencia. Mis ahorros volaban como el humo hacia el número cero y yo me acordaba de los consejos de mi padre: cerrar ese sucio negocio de **fisgón** heredado de mi marido y volver a trabajar con él, mi padre evidentemente, y sus socios en el bufete de abogados.

Sonó el teléfono. Una voz de mujer con **acento andaluz**. Parecía nerviosa.

– Buenos días, ¿la agencia Forner, por favor?

– Es aquí. ¿Qué desea?

La mujer hablaba insegura.

– ¿Con quién hablo? Póngame con su jefe el señor Forner, por favor.

Como siempre en este trabajo los clientes querían hablar con un hombre.

---

por todo lo alto: «con gran lujo», «de forma muy destacada».

en la mismísima: expresión que se usa acompañando a un sustantivo para destacar lo extraordinario de éste.

iglesia de Santa María del Mar: famosa basílica de estilo gótico situada en la parte vieja de la ciudad de Barcelona.

Ensanche: uno de los distritos de Barcelona, el más céntrico y poblado. Zona con numerosos comercios. Famosa por su forma cuadriculada.

siesta: en España, sobre todo en verano, es costumbre dormir un rato después de comer.

fisgón: palabra de carácter despectivo para aludir a las personas que intentan conseguir información disimuladamente. Aquí, sinónimo de detective.

acento andaluz: acento característico de Andalucía, en el sur de España, claramente marcado y que fonéticamente suele asociarse con el «seseo» (pronunciación de «c», «z» como «s»), o con el «ceceo» (pronunciación de «s» como «c»), etc.

— Es un poco difícil. El señor Forner ya no está aquí. Yo soy su esposa, y ahora la directora de esta agencia.

La mujer rio, nerviosa.

— Perdone, no lo sabía. ¿Ha muerto? Él me conocía.
— No, pero se fue hace un año.

La mujer volvió a reír. Estaba mucho más nerviosa.

— Siempre ando **metiendo la pata**.
— Dígame qué desea, señora.
— Necesito sus servicios. Pero no puedo seguir hablando por teléfono. Quiero hablar personalmente con usted.
— La espero en mi oficina. Voy a estar toda la tarde —y colgué. Tenía la cabeza espesa, pero la posibilidad de tener un cliente me dio fuerza. «Voy a demostrar a todos los que me dicen que estoy loca por continuar con este negocio que no los necesito».

Al cabo de una hora llamaron a la puerta del despacho. Era ella: una mujer morena, joven y **menuda**.

Llevaba un conjunto de algodón **color salmón**, ropa de grandes almacenes, pocas joyas y maquillaje discreto; un ama de casa con traje de calle. Me dio la mano con timidez, casi sin fuerzas.

— Buenos días, me llamo Marga Ramos y necesito su ayuda.
— Yo soy **Maite** Rovira —«y necesito su dinero» pensé.

Miró a su alrededor, la horrible decoración, los papeles desordenados, los ceniceros llenos. Se protegía de todo eso con el bolso pegado a su cuerpo,

---

metiendo la pata: expresión que significa equivocarse o no estar demasiado acertado a la hora de hacer o decir algo, provocando con ello una situación incómoda.

al cabo de una hora: una hora más tarde.
menuda: aquí «delgada, baja».
color salmón: rosa anaranjado.

Maite: forma abreviada de María Teresa.

en guardia: en actitud de defensa, sin confianza.

sana: aquí sana tiene un sentido figurado y significa que no estaba rota.

bochorno: calor húmedo y pesado.

kleenex: nombre que se da a todos los pañuelos de papel, también a los de otras marcas.

ya sabe: fórmula que se introduce en lo que se está contando para conseguir captar la complicidad del interlocutor.

rebajas: épocas, normalmente en enero y julio, en las que las tiendas ofrecen sus productos a un precio más bajo.

guardería: establecimiento educativo y de cuidado de los niños de poca edad, y que por ello todavía no pueden ir al colegio.

Sant Cugat: localidad residencial cercana a Barcelona. Su nombre completo es Sant Cugat del Vallés.

en guardia. La hice sentarse en la única silla **sana** del despacho, frente a la ventana. El **bochorno** era insoportable.

— Mañana van a reparar el aire acondicionado – dije, cuando vi que ella se secaba con un **kleenex** el sudor que le caía por la frente.

— Mi marido me engaña con otra mujer.

«¡Qué original!» No había sorpresas. El caso de la mujer engañada.

— ¿Está usted segura? ¿Cómo lo sabe?

— No lo sé por rumores, créame. Desde hace algunas semanas regresa dos horas más tarde de su trabajo.

— Ricardo decía que tenía un nuevo cargo y que eso le obligaba a participar en muchas más reuniones de trabajo. Es verdad que ahora gana más dinero, pero no en la oficina. Un día estaba yo mirando las tiendas de ropa del barrio, **ya sabe**, por las **rebajas**, y esas cosas... Mi hija estaba en la **guardería** y aún era pronto para recogerla. De pronto vi su coche aparcado en un rincón de un callejón cercano. Vi la matrícula y el muñeco que cuelga delante. Pensé que tenía una reunión con algún cliente cerca de allí. Pero lo volví a ver al día siguiente, a la misma hora, cuando él me decía que estaba en el trabajo.

— A lo mejor estaba con el mismo cliente –dije yo para tranquilizarla.

— No –la mujer hablaba ahora más deprisa, atropelladamente–. Él trabaja fuera de la ciudad, en **Sant Cugat**. Hace dos noches sonó el teléfono. Lo cogió rápidamente. Nunca lo había hecho. Fui

supletorio: teléfono que depende de otro principal.

apenas: casi no.

cortar: aquí «poner fin».

tarifa: precio fijo por unos servicios.

«qué me va a contar usted»: expresión que se usa para manifestar que la persona que habla también ha tenido experiencias negativas y que entiende los problemas de la otra.

apretón de manos:

al dormitorio y cogí el **supletorio** con cuidado. Tenía miedo de ser oída. Hablaba con una mujer con acento extranjero. Creo que hice algo de ruido porque él, de repente, empezó a hablar con ella en inglés y enseguida colgó. No me habló en toda la noche y se acostó temprano. Estoy segura de que me oyó.

– ¿Pudo escuchar la conversación?

– **Apenas** hablo inglés. Lo único que entendí fue algo sobre encontrarse al día siguiente. Fue extraño. Mencionaron la palabra «conquistadores» varias veces. Pensé que sería algún club o restaurante o algo así.

Cogí la libreta y el bolígrafo y apunté los datos: nombre, dirección, teléfono. No era el caso de mi vida pero era mejor que nada.

– ¿En qué trabaja su marido?

– En una fábrica de juguetes, en Sant Cugat. Desde hace seis años. Las cosas no nos van mal. Soy relativamente feliz con él, un matrimonio normal. Si me ha engañado puedo perdonarlo, pero no quiero hacer de mi relación una comedia. Debo **cortar** con esto ya.

– Tranquilícese. Debemos estar seguras de que su marido la engaña. Pronto lo va a saber.

– No se preocupe por la **tarifa**. Tengo mis propios ahorros.

– No la voy a explotar –nos reímos. Las bromas quitan los nervios. Las bromas entre mujeres hablan casi siempre de hombres. «Todos son iguales», **«qué me va a contar usted»**.

aunque los saludos y las despedidas en España entre mujeres suelen ser dos besos en las mejillas, esto no es así en las relaciones profesionales, donde tanto hombres como mujeres suelen estrecharse la mano.

de adelanto: antes de realizar el trabajo; por adelantado.

Cogió su cartera y sacó algo de ella. Me dio su tarjeta y la de su marido, de la empresa en la que trabajaba.

Nos despedimos con un **apretón de manos**. En la otra tenía los 200 euros que me había dado **de adelanto**.

II

Villa Olímpica: barrio de Barcelona construido especialmente con ocasión de los Juegos Olímpicos de 1992. Es la parte más moderna de la ciudad.

cerveza fría: en España, la cerveza se suele beber fría en cualquier época del año.

terrazas: lugar en el exterior que pertenece a un bar o una cafetería y en el que hay mesas para los clientes.

chulesco: forma despectiva (de «chulo») que significa «con aspecto presumido, insolente, desafiante, etc.».

entradas: parte sin pelo a ambos lados de la cabeza por encima de la frente.

No quería preguntar aún en la empresa porque no estaba segura de la mujer. A lo mejor tenía demasiada imaginación. Así que aquella misma tarde empecé mis averiguaciones. Aparqué el coche cerca del lugar que me había dicho ella. Era la zona de la **Villa Olímpica** e, increíblemente, encontré un lugar libre para dejar el coche. Edificios nuevos y limpios, jardines cuidados, pocas tiendas y farolas de diseño a pocos metros del puerto deportivo. La gente tomaba **cerveza fría** en las **terrazas** y oía música. Caminé aburrida por la acera cerca del callejón. El coche aún no estaba. Llegó medio paquete de cigarrillos más tarde, alrededor de las tres y media. Aparcó más allá, en una plaza interior de un conjunto de apartamentos. El hombre salió con rapidez y miró a derecha e izquierda. Iba bien vestido y parecía guapo, aunque el aspecto era un poco **chulesco**: gafas oscuras, el pelo brillante hacia atrás, oscuro y con algunas **entradas**. Llevaba un maletín de ejecutivo, negro, de piel y con cierre de segu-

> **portero automático:** mecanismo para abrir la puerta de entrada de un edificio desde cada una de las viviendas particulares.
> **cabina:** teléfono público.

ridad. Le seguí. Se dirigió hacia uno de los portales de la plaza y llamó a un timbre. El **portero automático** zumbó y entró en el edificio.

Tengo buena vista. El botón que apretó era el más alto de la izquierda. Llamé desde una **cabina** a la empresa y pregunté por Ricardo Fernández. Una mujer me dijo que ya no estaba en su despacho desde hacía más de una hora.

– Creía que siempre lo podía encontrar a esta hora.

– Se equivoca, señora –me dijo la voz impersonal de la mujer–. Siempre acaba su trabajo a las dos y se va.

– Muchas gracias.

Su mujer tenía razón, al menos en esto. Pero tenía que hacer algo más para justificar el adelanto recibido.

Al cabo de media hora el hombre dejó el edificio.

Demasiado pronto. Quizá se habían peleado. A lo mejor ella se asustó cuando él le dijo que su mujer los oyó por teléfono la otra noche. Caminó rápido hacia el coche y arrancó con fuerza. Me acerqué al portal. No había nombres en los timbres, sólo números. Apreté el de arriba a la izquierda. No sucedió nada. Volví a llamar. O era sorda, o creía que yo era la mujer de Ricardo y tenía miedo, o yo tenía una vista peor de lo que pensaba. Un hombre gordo, de unos cincuenta años y bigote blanco, llegó con un perro al otro extremo de una vieja correa de cuero. Estaba cansado y sudaba mucho. El perro sacaba una lengua blanquecina y jadeaba.

– ¿A dónde va usted?

– Llamo al doce, pero no hay nadie.

Al cabo de media hora el hombre dejó el edificio. Demasiado pronto.

— Casi nunca hay nadie. ¿Conoce a la mujer?

— Bueno..., no mucho. Soy su abogada. Me citó a esta hora.

— Puede esperar dentro, si quiere —dijo, mientras abría la puerta y me dejaba pasar al vestíbulo.

Le sonreí y me senté en una de las confortables butacas que había allí. Lo mejor era llevar buena ropa para dar buena impresión. Lo peor era que esa ropa me la pagaba mi padre.

Esperé un momento. El hombre cogió el ascensor y desapareció. Los buzones también estaban numerados y bajo los números figuraban los nombres de los inquilinos, pero el número doce no tenía ningún nombre. Estaba lleno de publicidad. Hacía muchos días que nadie lo abría. Llamé al ascensor y subí al último piso. En la puerta número 12 no había tampoco ninguna placa con nombre. Llamé al timbre y esperé. Silencio. Nadie vino a abrir. Puse la oreja junto a la puerta y escuché. No se oían ni pasos, ni ningún ruido. El marido iba cada tarde a un piso vacío. Me apoyé sin querer en la puerta y ésta se abrió por mi peso. Entré. Dentro, las paredes del pasillo estaban desnudas. Llegué al comedor. También sin muebles. El piso entero parecía vacío. Las puertas del balcón estaban cerradas, sin cortinas, y la luz del sol entraba con fuerza por el cristal. Hacía mucho calor. Una de las habitaciones estaba amueblada, con señales de que alguien la habitaba: una cama funcional deshecha, un ropero desmontable, un pequeño **tocador** con los cajones abiertos, al fondo unas cajas de cartón abiertas. El suelo estaba cubierto de ropa y papeles que formaban una alfombra desordenada. Había unos muñecos de trapo sobre la cama. Estaban de moda, eran los prota-

---

tocador: mueble con cajones y espejo para el dormitorio.

MUERTE ENTRE MUÑECOS

cómo no: por supuesto, naturalmente.

cava: vino espumoso realizado igual que el champán francés.

se me pusieron los pelos de punta: «asustarse mucho, sentir mucho miedo».

yacía: verbo irregular, yacer, «estar tumbado, tendido en el suelo».

canas: pelos blancos.

pies para qué os quiero: expresión que se usa para darse ánimos para huir, escapar de un lugar o de una situación.

gonistas de una película de ciencia-ficción de mucho éxito. No recordaba el título, pero todos los niños se los pedían a sus padres, y entre esos niños estaba, **cómo no**, mi sobrina Pilar. No encajaban en el lugar. La caja del despertador estaba abierta a la fuerza y las pilas estaban también sobre la cama.

En la cocina había algunos platos sucios en el fregadero, un cubo de basura casi vacío y una botella de **cava** calentándose sobre una nevera medio llena.

Había un olor extraño que no venía de la basura. Faltaba ventilación y yo olía a sudor, pero el olor era más rancio cuanto más me acercaba al cuarto de baño. Dentro, nuevo desorden. Toallas, pastillas de jabón y productos de belleza por el suelo. La cabina de la ducha era moderna, con translúcidas mamparas altas y curvas. Dentro se distinguía una forma oscura que se diferenciaba del color gris de la cerámica. Abrí la cabina y **se me pusieron los pelos de punta**. En el fondo de la ducha **yacía** una mujer; estaba vestida con una camiseta de punto y unos pantalones de satén, todo oscuro, y calzaba unas sandalias negras. Estaba tumbada boca abajo. El pelo rubio, con **canas**, y rizado estaba desordenado. La toqué y la noté rígida y fría como el hielo. Sus manos estaban extrañamente pálidas. Debía llevar muerta varias horas. En el suelo, junto al lavabo, había algo parecido a un tejido. Lo cogí. Eran bolitas de un material blando y peludo parecido a la espuma. Lo guardé en el bolsillo, por instinto, y salí del apartamento a la carrera, **pies para qué os quiero**. Nada de adulterio, ni de caso ordinario. La cabeza me daba vueltas mientras pensaba en el problema que tenía ahora. Seguro que los vecinos no tardaban en llamar a la policía, pero probablemente nadie sabía nada del marido de mi cliente. Estaba claro que él no la había matado; no esa tarde, desde luego.

Llegué a mi casa, me duché y me tomé un vaso de zumo de naranja. Mi hija, acabado el trabajo en la guardería, no podía tardar en llegar con los niños y yo necesitaba pensar qué hacer ahora. Saqué mi bolso y la cartera de piel de su interior. Era de la mujer muerta y la había cogido antes de irme a toda prisa de aquella trampa.

La examiné. Estaba vacía: un poco de dinero, ninguna documentación y una tarjeta de crédito a nombre de Carla Wagner. Detrás de uno de los departamentos toqué un rectángulo rígido y flexible. Había una foto con la cara de un hombre. No era Ricardo Fernández. Detrás, una dedicatoria. Para C. de S. También había una tarjeta comercial: Comercial Salgado. Exportación-Importación. Era una empresa de **Vía Laietana**, cerca del antiguo puerto.

El teléfono sonó y volví a sobresaltarme. Era Marga Ramos, con su voz aún más asustada que de costumbre.

Mi teléfono particular también estaba en las **Páginas amarillas**. Otra idea genial de mi marido.

– Necesito que me ayude. Mi marido...

– Sí, ya sé –dije, con voz fatigada–. Está asustado y no sabe qué hacer. Pero yo no puedo...

– No, se equivoca –la mujer empezó a llorar–. Ricardo... ha desaparecido.

Vía Laietana: conocida calle de Barcelona que pasa muy cerca de la Catedral y que llega hasta el mar.

Páginas amarillas: listín de teléfonos en el que no figuran datos de particulares, sino de comercios, profesionales, empresas, etc., ordenados por los servicios que prestan.

PÁRATE UN MOMENTO

1. La protagonista de la historia, Maite Rovira, es una detective. Su profesión le ha creado ciertos problemas con sus padres que no la entienden. No es nada extraordinario que los padres no comprendan las decisiones de sus hijos. ¿Qué argumentos crees que se les puede dar a los padres de Maite para que comprendan la decisión de su hija?

   1. ....
   2. ....
   3. ....
   4. ....
   5. ....

   Comenta con tus compañeros tus argumentos.

2. Entre los muchos tópicos que funcionan en el mundo moderno sigue estando aquél de que hay profesiones masculinas y profesiones femeninas, pero hay un tópico mucho más arraigado que es el de las actividades propias de las personas mayores, o de la tercera edad. Maite Rovira ya es abuela. ¿Te parece que una mujer que ya es abuela puede trabajar como detective? Imagina que has leído una noticia así en el periódico y que decides escribir a la sección de *Cartas al director* presentando tu opinión al respecto.

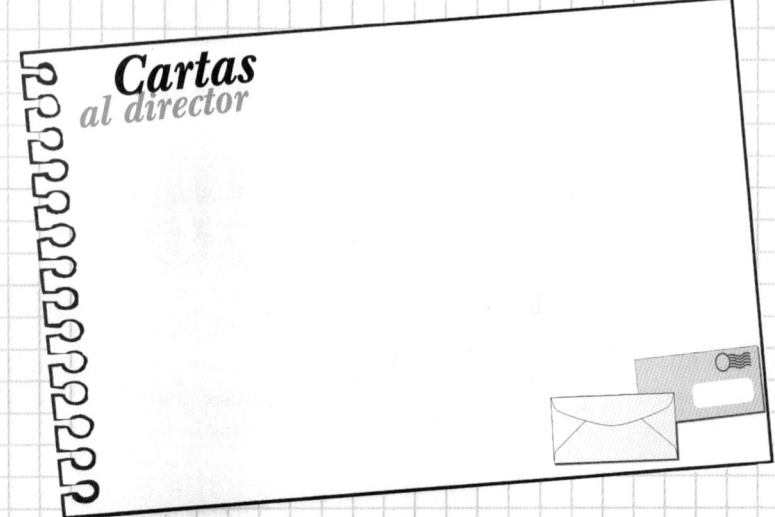

3. En las últimas páginas que has leído aparece una detallada descripción del estado en el que se encuentra el piso en el que ha entrado Maite Rovira. Imagina que eres un periodista y que das una noticia breve del hallazgo del cadáver en un periódico sensacionalista. Tu profesor te puede ayudar mostrándote algunas noticias de este tipo.

....

....

....

4. El marido de Marga Ramos ha desaparecido. ¿Qué crees que le ha pasado? Anota tus impresiones y comprueba, cuando finalices la lectura, si tu teoría coincide con la de la historia.

5. Vamos a ver si tú también tienes alma de detective. Enumera en una lista las cosas que te parecen sospechosas en lo que has leído hasta ahora. Cuando acabes de leer, compara tu lista con lo que pasa en la historia. Si has acertado en todo, igual has encontrado tu vocación...

III

Tampoco fue a trabajar la mañana siguiente. En la empresa no sabían nada de él desde el día anterior. Ninguna llamada. Ningún recado. **Se lo había tragado la tierra**. Los periódicos del día no publicaban aún ninguna noticia sobre la mujer muerta en el apartamento de la Villa Olímpica. A lo mejor habían descubierto el cuerpo por la noche.

> **se lo había tragado la tierra:** desaparecer, dejar de encontrarse en un lugar sin dejar huella, sin dejar rastro.

Hablé un momento con el jefe de Ricardo, el señor Antonio Costa, un hombre de pelo blanco, bronceado y de sonrisa que no enseñaba los dientes, que me dijo lo mismo.

– Su mujer está muy preocupada por su desaparición. Va a llamar a la policía.

– Comprenderá que nosotros también estamos preocupados por su ausencia.

Miré detrás de él. Un gran cartel con el nombre de la empresa, Ludocesma, colgaba de la pared.

– ¿En qué trabaja el señor Fernández aquí?

– Lleva la sección encargada de la compra de suministros básicos para nuestros productos.

– ¿Qué productos?

– Oh, muy variados. Fabricamos artículos de juego de todo tipo: puzzles, muñecos, maquetas, insignias... y para ellos necesitamos también materias diversas: tejidos, plásticos, celulosa, metales...

Busqué en mi bolso el paquete de cigarrillos. Quería acabar con eso cuanto antes y me ponía nerviosa buscando respuestas a las preguntas.

De repente, mi mano encontró una pequeña bolsa de plástico donde había puesto el material encontrado en el suelo del lavabo del apartamento. Las pequeñas bolas parecidas a la espuma. La saqué del bolso, no sé por qué, y se lo enseñé a Costa.

– ¿Sabe usted qué es esto?

El ejecutivo abrió la bolsa y cogió las bolitas. Las apretó un momento y enseguida sonrió.

– «Polspan», por supuesto.

– ¿Sabe qué es? ¿Lo conoce? –pregunté, aunque parecía claro que sí lo sabía.

– Es un material que usamos para rellenar nuestros muñecos. Es flexible y es bueno para dar forma a la ropa que les ponemos. Los niños no lo pueden romper fácilmente.

– Ya. Y, ¿lo usan?

El ejecutivo parecía encantado de contar las maravillas de su empresa a una mujer. **Puse cara de** admirarlo mucho.

– Oh, fabricamos miles de muñecos de diverso tipo: para promociones, muñecos de compañía, personajes de película, etcétera.

Cogió un cartel que había sobre la mesa de su despacho y me lo dio.

– Por ejemplo, ahora fabricamos todos los artículos de «Los Conquistadores de Marte»: llaveros, muñecos articulados, muñecos de trapo, insignias, maquetas de naves espaciales y otros artículos.

– ¿«Los Conquistadores de Marte»? –dije. Una pe-

puse cara de: aparentar, hacer un gesto que parece significar algo concreto.

MUERTE ENTRE MUÑECOS

queña luz apareció en mi cerebro recalentado por el sol de verano.

– ¿No la ha visto? El último éxito de Hollywood, la película del año, **millones en taquilla**. Ciencia-ficción que, con una buena campaña de publicidad, se convierte en una montaña de consumo: no sólo la película, todo se puede comercializar.

– Y ustedes tienen la exclusiva...

– No nos va mal. La verdad es que los productos de esta película son nuestro gran negocio de este año.

– ¿Tiene usted hijos?

Era la hora de marcharse. Le prometí llevar a mis nietos al cine para ver «Los Conquistadores de Marte». Llegué a mi casa a mediodía. Llevaba insignias y llaveros de la película que el señor Costa, demasiado agradable, me había dado para los niños. Me preparé un batido de piña y melocotón mientras pensaba en el caso. Algo **me daba vueltas por la cabeza**: primero, la llamada de la mujer, el caso típico de adulterio. Luego, el hallazgo del cadáver y la desaparición posterior de Ricardo Fernández. ¿Qué hacía yo con todo eso?

Mi nieto mayor me cogió rápidamente las insignias antes de correr hacia la nevera para **picar** algo **fuera de horas**. El pequeño vino de la mano de su madre con su segundo juguete roto del día en la mano.

Me bebí el vaso de zumo de frutas y miré el cartel de la película que me habían dado.

– Hija, ¿cuánto tiempo hace que no vas al cine?

– Bastante. Ya sabes que no tenemos mucho tiempo libre.

– Estupendo. Esta tarde te voy a invitar.

---

millones en taquilla: la taquilla es el lugar en el que se compran las entradas para un espectáculo; aquí la expresión significa «muchísimos beneficios».

me daba vueltas por la cabeza: se había convertido en una especie de idea fija.

picar: comer pequeñas cantidades de alimento.

fuera de horas: en unas horas diferentes a aquéllas en las que normalmente se suele comer.

— ¿Y me va a gustar la película?
— No creo. Es de ciencia-ficción. Esa famosa que está de moda. Pero hazlo por los niños.

Los niños empezaron a chillar como salvajes. Mi hija miró al techo, desesperada. Los niños siguieron chillando y la rodearon. Estaba atrapada.

IV

Cuando salí del cine llamé a mi amigo Carlos Sandoval, un periodista que trabajaba en los **informativos** de una cadena de radio. Ni una palabra sobre la muerte de la mujer.

— ¿Escuchaste ese comentario de la policía?
— No. Olvídalo. Una pista de un cliente.
— ¿Cuándo salimos a cenar, Maite?
— Pídele permiso a tu mujer. Entonces salimos. —Y colgué.

Fui a la agencia un momento para oír los mensajes del **contestador automático**. Tenía que volver al apartamento de la Villa Olímpica y encontrar algunas respuestas.

Sólo tenía dos llamadas: la agencia que alquilaba el despacho. Querían cobrar el alquiler, naturalmente. La otra llamada era de una mujer que no conocía.

informativos: programas de noticias.

contestador automático: aparato que se conecta al teléfono para recoger llamadas y grabar mensajes.

barrio alto: aquí, un barrio en el que vive gente rica.

Diagonal: avenida de Barcelona, de más de 11 kilómetros de longitud, que cruza de forma diagonal, de ahí su nombre, el Ensanche. Es una de las vías principales de la ciudad.

fui al grano: hablé directamente del asunto que quería tratar, sin rodeos.

Tenía acento extranjero, quizá alemán, pero su español era bueno.

– Usted y yo tenemos que hablar de un asunto que nos interesa, señora Rovira. Usted ha perdido un hombre y yo también. Creo que es el mismo.

Me dió una dirección de un **barrio alto** de la ciudad y un teléfono. Ricardo Fernández ponía cada vez más gente a mi alrededor.

Vivía en un moderno edificio, cerca de la **Diagonal**. Era una mujer joven, elegante y de rostro agradable. Olía a perfume caro. Me senté en un enorme sofá en forma de media luna. Toda la decoración era lujosa: cuadros, jarrones, cerámicas, encendedores de mesa. La chica vivía bien, estaba claro. **Fui al grano**.

– ¿Conoce a Ricardo Fernández?

– Ya se lo dije antes.

– Su mensaje era un poco confuso. Por cierto, aún no sé su nombre.

– Soy Silvia Gruber y quiero que busque a Ricardo.

– Aún no es usted mi cliente, señorita Gruber. Ya tengo quien me paga para hacer ese trabajo.

– Yo le puedo pagar mejor. ¿Sabe? No es frecuente ver a una mujer como investigadora.

Encendí un cigarrillo, seguramente para alejar el mal olor de todo aquel asunto.

– ¿Qué sabe de él?

– Somos amigos. Negocios. Tenía una cita con él ayer por la tarde, pero no vino. He llamado hoy a su oficina y me han dicho que tampoco ha aparecido por allí.

– ¿Ha llamado a su mujer?

no está al corriente: no sabe, no está informada.

Ella sonrió y agitó su cabello, rubio y ondulado.

– Bueno, he preferido no hacerlo. Ella **no está al corriente** del trabajo de su marido y Ricardo me dijo que era algo celosa. Supongo que está tan extrañada como yo.

– ¿Cómo supo que yo buscaba al señor Fernández?

– Por Costa, su jefe. Me conoce. Cuando hablé con él me dio su nombre. Luego supe lo de su agencia.

– Ya. Por las Páginas amarillas.

– Exacto –la mujer se puso un poco de whisky en un hermoso vaso de cristal tallado–. Y ahora, ¿va a buscar a Ricardo?

– Ya lo hago. Por encargo de su esposa. Llámeme dentro de un par de días y a lo mejor tiene suerte. ¿No quiere decirme nada más?

– ¿A qué se refiere? –dijo, extrañada.

– ¿Trabaja en algún sitio?

La mujer parecía molesta. Dudó y por fin fue hacia una cigarrera de plata. Cogió una tarjeta de un montón y me la dio. La leí: Comercial Salgado. Silvia Gruber. Departamento Comercial.

En mi trabajo me gustan las casualidades. Sonreí.

La mujer estaba a punto de cerrar la puerta. De repente me volví y le pregunté:

– Por cierto, ¿conoce usted a Carla Wagner?

La mujer se quedó paralizada y me miró con los ojos muy abiertos. Luego se frotó las manos y empezó a mirar a todas partes, nerviosa.

– Bueno, ... yo... pues sí, es compatriota mía...

– ... y trabaja con usted, ¿no es cierto?

— Sí, así es.
— ¿**Qué tal se llevan** ustedes? ¿Son amigas?
— No creo que eso le importe a usted. —Su rostro **se endureció**—. ¿La conoce?
— Muy poco. No hablé con ella cuando la vi. Bueno. Hasta pronto, Silvia.

De vuelta a casa pensé en la cara nerviosa de aquella mujer. ¿Qué era verdad de su historia? Parecía claro que, **al fin y al cabo**, don Ricardo Fernández engañaba realmente a su mujer pero no con la persona que ésta creía.

Luego mis pensamientos volvieron a la película que vi con los niños, la famosa «Los Conquistadores de Marte». ¿Cómo podía tener tanto éxito entre los críos una película semejante? La típica historia del espacio adornada con unos cuantos millones de dólares en efectos especiales: cuatro protagonistas, un mutante, un androide, un guerrero, y una piloto buscan un fabuloso tesoro de los antiguos habitantes del planeta Marte. Explosiones y final feliz. Mis nietos **se lo pasaron bomba** y aplaudieron toda la película.

Cuatro héroes. Los muñecos de los cuatro personajes se vendían por millones. Industrias como Ludocesma **hacían su agosto** con los niños que **daban la paliza** a sus padres en Navidad, para el cumpleaños o **por las notas de final de curso** o incluso cada día para conseguir esos productos.

Cuatro héroes. Entonces, me acordé. Claro. El apartamento donde encontré el cuerpo de Carla Wagner. La única habitación amueblada. Allí estaban los famosos muñecos, tirados sobre la cama. Pero, había tres muñecos, sólo tres. ¿Por qué no comprar toda

---

¿**qué tal se llevan...?**: expresión que significa «qué tipo de relación tienen...» y que espera como respuesta «bien», «mal», etc.

se endureció: en sentido figurado, aquí significa «se puso seria».

al fin y al cabo: en definitiva, después de todo.

se lo pasaron bomba: se divirtieron muchísimo.

hacían su agosto: hacían un gran negocio.

daban la paliza: insistían de forma molesta.

por las notas de final de curso: es costumbre regalar cosas a los niños el día del cumpleaños, a menudo cuando sacan buenas notas de final de curso, y para las fiestas de Navidad.

la colección? Faltaba uno, no recordaba cuál. ¿La piloto? ¿El androide? Mi memoria sólo funcionaba con las cosas que me interesaban. Me dormí enseguida. Aquel había sido un día duro para la Agencia Forner. Después de todo, el negocio funcionaba.

V

A las dos de la tarde salí de la cafetería de Vía Laietana, enfrente de las oficinas de Comercial Salgado, donde me tomé un rápido **bocadillo** y un zumo de naranja, y crucé la calle. Era la hora de salida de muchas oficinas de la zona y el tráfico era intenso.

Silvia Gruber salió un cuarto de hora más tarde, con paso rápido. Llevaba un vestido rojo espectacular y una gruesa cartera de piel, con correas. Cogió un taxi en dirección a la parte alta de la ciudad. Yo me subí a otro y la seguí.

Los dos taxis avanzaron lentamente, atrapados por el caótico tráfico durante un buen rato. Luego, el taxi se dirigió hacia una de las autovías que salían de la ciudad. Un rato después cruzamos la **sierra de Collserola** hacia el área metropolitana. Entonces supe adónde iba la alemana.

Llegamos al aparcamiento de Ludocesma después de las tres. Pagué con dolor al taxista (luego se lo iba a cargar a mi cliente en la factura) y entré en el edificio detrás de ella. La chica de recepción era la misma

bocadillo: trozo de pan que contiene algún otro alimento en su interior (jamón, queso, etc.).

sierra de Collserola: sierra al norte de Barcelona y en la que está el Tibidabo, su cima más alta, 542 metros sobre el nivel del mar.

con la que hablé la última vez. Me reconoció.
- ¿Saben algo del señor Fernández, señorita?
- No señora —me contestó—. Tampoco ha venido hoy. ¿Ha llamado su mujer a la policía?
- No lo sé. Pero le voy a decir que tiene que hacerlo. ¿Puedo ver al señor Costa?
- Lo siento, señora —dijo, impersonal como un altavoz—. Ahora está en su despacho con un cliente.
- ¿Es la señorita que ha entrado antes que yo?
- Sí. Tenía mucha prisa. Quería hablar con él inmediatamente.
- Sí, la he visto correr. Su cara me suena. ¿Trabaja aquí?

Puso cara de pensar «a usted no le importa eso», pero no dijo nada. Luego explicó:
- No, señora. No sé quién es.

Ella protegía los secretos confidenciales de su jefe. «Buena secretaria», pensé. Me quedé ante el mostrador un momento. No sabía qué hacer. Mi cerebro seguía lleno de nubes que eran cada vez más oscuras. Entonces ella dijo:
- Hace tiempo que no vemos por aquí a la señora Ramos.
- ¿La conoce? ¿Viene a ver a su marido alguna vez?

Ella me miró sorprendida.
- ¿No lo sabe? Ella trabajaba aquí antes de su boda con Ric... con el señor Fernández, quiero decir.
- No lo sabía.

— De hecho, se conocieron aquí. Cuando se casaron ella dejó el trabajo y se quedó en casa.
— Típico. ¿Era secretaria?
— Oh, no. Su trabajo era más importante que el de su marido. Trabajaba en la sección de exportaciones. Viajaba mucho al extranjero.
— ¿Exportaciones? Hmm, **vaya**, no lo sabía.

Salí al exterior del edificio y encendí un cigarrillo.

El cielo estaba despejado y el calor era intenso pero en mi interior las nubes también se despejaban, poco a poco. Me reí sola ante la idea que se formaba en mi mente. Un caso de adulterio, **vaya broma**.

Silvia Gruber salió un poco después a toda velocidad. Su cara estaba **colorada** y su hermoso y cuidado cabello estaba un poco desordenado. Parecía muy enfadada. Cogió el mismo taxi, que la esperaba. Yo tuve que llamar a otro por teléfono. Pero no tenía prisa. Sabía adónde tenía que ir.

vaya: aquí, exclamación de sorpresa.

vaya broma: qué broma.

colorada: roja.

VI

Antes de ir a mi destino llamé desde la agencia al inspector Pedroso, de la Jefatura Superior de la Policía y **le puse al corriente** del caso. Los muñecos me recordaban algo y él me ayudó a recordar. También me consiguió la información sobre Ludocesma. Era una multinacional con numerosas empresas en todo el

le puse al corriente: le informé.

mundo. En España sólo fabricaban una parte del material que vendían. El resto venía de otros países.
Esperé un rato. Los ordenadores trabajaron, **así daba gusto**. Pedroso me llamó enseguida. La mayoría de las importaciones de los productos de Ludocesma se hacían a través de Comercial Salgado, en el puerto de la ciudad.
– ¿Sabes qué sospechas tiene la Interpol sobre la empresa?
– No, dímelo.

Me lo dijo. Las nubes de mi cerebro se fueron casi por completo. Ahora tenía prisa. Me despedí del policía sin darle tiempo para invitarme a cenar. No te puedes fiar de los amigos, querido esposo. Esta vez, cogí el metro. A lo mejor mi cliente no pagaba la factura.

Llegué al atardecer, cerca de las ocho y media, al estudio de Silvia Gruber. La gente llegaba a sus casas para **cenar** y el barrio estaba tranquilo. Vi luz y llamé al portero automático.
– Soy Maite Rovira, señorita Gruber. Tengo información para usted sobre el señor Fernández.
– Vaya. Qué rápida es usted –hizo una pausa–. Suba.

No le hizo gracia mi visita. Me recibió muy seria. Llevaba un conjunto color crema, muy elegante. Demasiado. Parecía que estaba a punto de salir. Tenía los ojos rojos y pensé: «Ha llorado».
Me senté en el enorme sofá sin pedirle permiso.
Sobre la mesita que estaba a la izquierda, en un rincón, había una cartera con documentos. Dentro se veía algo parecido a billetes de avión. El cenicero de cristal estaba lleno de colillas. Algunas de ellas aún humea-

---

así daba gusto: expresión que manifiesta que de la manera que se comenta sí que es fácil, agradable, etc., hacer o conseguir algo.

cenar: en España se suele cenar tarde, por regla general a partir de las 9, nunca antes, y en muchos casos incluso sobre las 11 de la noche.

ban. Las miré un momento. Después la miré a ella, estaba muy nerviosa.
- Y bien, ¿qué sabe de Ricardo, señorita?
- Creo que usted lo sabe mejor que yo −respondí, seca.

Intentó reír, pero no pudo.
- ¿Qué tonterías dice? No la entiendo.
- **Corte el rollo**, señorita Gruber −exploté− y dígale al señor Fernández que ya puede salir.
- ¿Cómo? −casi pierde el equilibrio. Se agarró al sofá con fuerza−. Haga el favor de irse ahora mismo.
- Mire, no insista. Usted sabe que hay un asesinato en todo esto. Supongo que está en el cuarto de baño −me levanté.
- No puede ir allí −dijo Gruber.
- Déjala, Silvia. Tiene razón −oí una voz masculina, suave como la seda y giré la cabeza. Era él, con el mismo aspecto de seductor del día que lo vi en el edificio de la Villa Olímpica. Pero ahora no estaba afeitado, parecía sucio y no tenía la cara de **niño bonito** de la fotografía que me dio su mujer. Me fijé en el equipaje que se veía por la puerta medio abierta del baño.
- ¿Iban a hacer un viajecito fuera del país? −dije.
- ¿Trabaja para mi mujer? −preguntó él, tranquilamente−. ¿De verdad le ha pagado para seguirme?
- Sí, ya ve. Pero me equivoqué de chica. Aunque conocí a otra, que no tenía ganas de hablarme.
- ¿Y cree que la maté yo? −se puso tenso. Podía guardar una pistola en su bolsillo.

corte el rollo: no siga disimulando, no siga aparentando, deje de mentir.

niño bonito: forma peyorativa para hacer referencia a los hijos de familias con dinero que son superficiales y sólo se preocupan por el aspecto físico y las formas externas.

– Creo que no. Pero tiene otros problemas, de todas maneras. Por ejemplo, sus asuntos con esta señorita y la difunta Carla Wagner.

Los dos amantes se miraron, indecisos. Parecían preguntarse con la mirada qué podían hacer. Estaban atrapados. Era el momento de continuar.

> **la Wagner:** a veces, de forma muy coloquial, se utiliza el artículo delante del nombre o del apellido.

– ¿Continúo? Bien. Su amiga y **la Wagner** reciben los cargamentos de productos Ludocesma desde el extranjero. Supongo que la organización es complicada, pero eso a mí no me importa. Todo son muñequitos, mascotas y otras tonterías de moda. Pero hay algo más. La policía me contó que la Interpol sospecha que hay tráfico ilegal de diamantes en el puerto de Barcelona y creen que Comercial Salgado es una de las empresas utilizadas. Supongo que hay más gente dentro de esto, pero eso a mí tampoco me importa.

– Lo está haciendo muy bien, continúe –dijo Ricardo Fernández, con la mano metida dentro del bolsillo de su pantalón.

> **tapadera:** aquí sinónimo de «excusa», «coartada».

– Es muy sencillo: la señorita Gruber le conoce... bastante bien. Ella y su amiga ganan mucho dinero, eso se ve en seguida –dije, mientras miraba a mi alrededor–. Usted es la **tapadera** perfecta: su empresa importa mucho y ahora todavía más con el éxito de esa película. Nadie puede pensar en que algunos muñecos, seguramente un tipo concreto, tienen algo más que «polspan»: diamantes, que usted distribuye por Europa con su empresa y por lo que cobra una buena comisión.

> **tinglado:** aquí «negocio sucio».

Supongo que hace tiempo que dura este **tinglado**. El apartamento de la Villa Olímpica es el punto de encuentro. Allí le entregaban los muñecos marcados y usted los repartía con el transporte de Ludocesma–España a sus compradores.

Ricardo Fernández sonrió mientras sacaba una pistola automática del bolsillo y me apuntaba con ella.

– Muy bien, chica. De verdad. Yo puedo añadir que también traficamos en sentido contrario: sacamos otro tipo de mercancía en los muñecos que abrimos y cosemos con herramientas de la propia empresa en aquel piso.

– Ricardo, no sigas –chilló Silvia Gruber, hasta ese momento muda y aterrorizada junto a la puerta.

– No hay problema. Me temo que estamos desesperados y no podemos dejarla aquí. Vamos a irnos todos. Acabo la historia, si usted quiere. Todo fue bien hasta ahora. Sólo que...

– ...sólo que algo fue mal. Usted va a buscar la mercancía y se encuentra a su socia hecha un **fiambre** y se asusta.

– Nosotros no la matamos.

– Ya lo sé. Pero seguro que saben quién fue. Y quieren largarse pronto porque la policía puede **echárseles encima**. Quieren desaparecer. Usted sabe que su mujer me llamó y decide utilizarme para hacer creer a todo el mundo que ha desaparecido. ¿No es así? Vamos, guarde ese juguete y no haga el tonto.

– ¿Por qué tengo que obedecer? –dijo, con el dedo demasiado cerca del gatillo. Yo sudaba y no era sólo por el bochorno de la tarde.

– Primero, porque no va a complicarse la vida con un asesinato –dije rápidamente, y me levanté. No disparó– ...,y segundo porque yo voy a salir por

---

fiambre: normalmente «embutido»; aquí, «cadáver» (argot).

echárseles encima: cogerlos, atraparlos.

Ricardo Fernández sonrió mientras sacaba una pistola automática del bolsillo y me apuntaba con ella.

esa puerta y va a entrar un inspector de policía que espera desde hace un rato fuera.

Los dos se miraron y entonces él bajó el arma.

Llegué a la puerta.

– ¿No quiere saber quién mató a Carla? –dijo de repente el hombre.

– No hace falta. Ahora tengo que ir a cobrar una factura. Aproveche para llamar a su abogado –y salí.

VII

<small>**dúplex:** piso de dos plantas con una escalera interior que los une.
Sarriá: barrio rico de Barcelona que antes era un pueblo separado de la ciudad.</small>

Marga Ramos y, hasta aquel momento, Ricardo Fernández, vivían en un moderno **dúplex** de **Sarriá**. Un portero uniformado me miró de forma sospechosa cuando llegué. Ella me abrió y me lanzó una tímida sonrisa de reconocimiento.

– Pase, por favor. Estoy sola. He enviado a la niña con sus abuelos.

– Comprendo.

Me condujo a una espaciosa terraza ajardinada y nos sentamos en dos sillones de hierro envueltos con almohadones con motivos vegetales. Llevaba una camiseta larga hasta las rodillas con el anagrama de una conocida marca deportiva y sandalias doradas. Parecía muy relajada, pero su mirada era triste. Sonreí.

— Traigo varias noticias. Buenas y malas.
Ella se lanzó sobre mí y me cogió una mano.
— ¿Sabe ya algo de mi marido?
— Lo ha cogido la policía hace un rato.
Un brillo apareció en sus ojos.
— Detenido. Con su amiga. Por tráfico de diamantes.
— ¿Có... cómo dice? —su labio inferior empezó a temblar.
— Digo lo que oye. Está detenido... sólo por tráfico. ¿Decepcionada?

Ella, de repente, se puso a la defensiva. Sus ojos se fijaron, atentos, en mí. Había un brillo de inteligencia en ellos.
— No la entiendo, señora. Yo la contraté...
— Sí, ya lo sé —la interrumpí—. Y me mintió. Todo el mundo me ha mentido en esto. Usted esperaba oír que su marido estaba detenido por asesinato.
— No la entiendo —dijo, de repente, con furia—. Y no le permito...
— ... claro que me permite. Usted sabía hacía tiempo qué negocios tenía su marido. Se enteró por las conversaciones entre su marido y la mujer alemana, seguramente en inglés.
— Pero yo no...
— Usted habla inglés perfectamente. También me mintió. De lo contrario, ¿cómo iba a trabajar en Ludocesma en el departamento de exportación, durante años, y hablar con sus clientes europeos?
— Entonces, lo sabe.

— Lo descubrí por casualidad. Fue entonces cuando todo encajó. En realidad usted no es feliz con su marido y quiere otra vida. Por lo tanto prepara un plan: apoderarase de todo un cargamento de esos diamantes con los que traficaba Ricardo.

— Eso es absurdo —su mirada echaba fuego.

— Pero usted es demasiado tímida, poco audaz y busca un cómplice: Costa, el jefe de su marido. Usted lo conoce desde hace años. Yo creo que lo tiene a su servicio. ¿Son amantes?

— Cómo se atreve —la mujer se levantó, **hecha una furia**.

— Qué lista es, mi querida señorita —dijo una voz masculina—. Pero no estoy a su servicio. El servicio nos lo hacemos mutuamente.

Era Costa, claro. Las apariciones masculinas en escena ya se convertían en una costumbre aburrida.

— Antonio, te dije que no tenías que salir.

— ¿Dónde he visto antes esta escena? —dije con ironía.

También tenía una pistola, aunque éste la utilizaba más que Ricardo, seguro.

— ¿Ha venido sola?

— Por supuesto —dije yo—. Un caballero como usted no me puede hacer daño. Aunque Carla Wagner no opina lo mismo.

— Ya no opina nada. Acabe su historia.

— Gracias. Todos quieren oír mis historias. Bueno, el caso es que cogen sus diamantes. Pero usted —digo, mirándola— necesitaba algo más. Quería eliminar a su marido. Él tenía que ser el **cabeza de turco**

---

hecha una furia: muy enfadada, furiosa.

cabeza de turco: persona a la que se considera la única culpable de algo para desviar las sospechas sobre otras.

lo quitaba de enmedio: lo eliminaba, lo mataba.
rollo: aquí, «mentira».

del robo y del asesinato. Y usted se **lo quitaba de enmedio** y seguía con su papel de pobre chica. Por eso me llama con el **rollo** del adulterio. Así yo llego al apartamento poco después de la muerte de la mujer y de la llegada de su marido. Y estoy allí de testigo, por doscientos euros más gastos. Todo muy fácil. Pero ustedes tampoco hacen bien las cosas. No son profesionales. Algo pasa antes. Usted, Costa, está en el apartamento con la mujer y los diamantes y la tiene que matar antes de tiempo. La coartada contra Ricardo no funciona.

– Me atacó y la tuve que golpear. Demasiado fuerte.

– Ricardo sale corriendo asustado, pero ya sé que él no fue y decido no llamar a la policía. Aún debe seguir en el piso, la pobre. Los vecinos son un poco despistados.

Costa empezó a reír mientras me apuntaba.

– ¿Y que va a hacer ahora? ¿Llamar a la policía?

– Creo que va a ser lo mejor para ustedes. Ya he dicho que no son profesionales. Ricardo y su amiga le conocen. Sospechaban de usted, supongo que antes también hicieron negocios ilegales. Saben que fue usted. Y le aseguro que la organización que hace el contrabando va a querer recuperar esos diamantes.

El hombre y la mujer se miraron, indecisos. Ella lanzó una maldición.

– Sabía que no podía confiar en ti –luego me miró. Era otra Marga Ramos–. Usted es una profesional. **Cárguele el muerto** a Costa y le doy la mitad de los diamantes.

cárguele el muerto: expresión que significa «culpar a alguien».

– Pero, querida –el hombre la miró, aterrorizado.
Ella le devolvió la mirada, impasible.
– Sálveme. Puede ser usted una mujer rica...
– Sí, y también puedo ser una mujer muerta –dije–. Esos diamantes queman. Es como llevar una marca en la frente. Créanme, llamen a la policía.

La mujer lanzó un grito de rabia y se abalanzó sobre el hombre. El disparo se oyó en todo el barrio.

Cuando llegó la policía yo miraba en el cuarto de la niña. Iba a ser duro para ella. Quizá sus abuelos podían ayudarla a olvidar. Allí estaba el muñeco, sobre el cojín. Tenía un pequeño agujero cosido en la tripa. Era el mutante, creado por el hombre para ayudar en la conquista del planeta Marte. Pesaba más de la cuenta. Lo peor de todo era que Marga Ramos ya no podía pagarme la factura.

EXPLOTACIÓN DIDÁCTICA
EJERCICIOS PARA EL ALUMNO

Lecturas de Español es una colección de historias breves especialmente pensadas para los estudiantes de español como lengua extranjera. Los cuentos han sido escritos, teniendo en cuenta, básica pero no únicamente, una progresión gramático-funcional secuenciada en seis etapas, de las cuales las dos primeras corresponderían a un nivel inicial de aprendizaje, las dos segundas a un nivel intermedio, y las dos últimas al nivel superior. Como resultado de la mencionada secuenciación, el estudiante puede tener contacto con textos escritos "complejos" ya desde los primeros momentos del aprendizaje y puede hacer un seguimiento más puntual de sus progresos.

Las aportaciones didácticas de **Lecturas de Español** son fundamentalmente dos:

- notas léxicas y culturales al margen, que permiten al alumno acceder, de forma inmediata, a la información necesaria para una comprensión más exacta del texto.

- explotaciones didácticas amplias y variadas que no se limiten a un aprovechamiento meramente instrumental del texto, sino que vayan más allá de los clásicos ejercicios de "comprensión lectora", y que permitan ejercitar tanto otras destrezas como también cuestiones puntuales de gramática y léxico. El tipo de ejercicios que aparecen en las explotaciones permite asimismo llevar este material al aula ampliando, de esa manera, el número de materiales complementarios que el profesor puede incorporar a a sus clases.

Con respecto a los autores, hemos querido contar con narradores capaces de elaborar historias atractivas, pero que además sean –condición casi indispensable– expertos profesores de E/LE, para que estén más sensibilizados con el tipo de problemas con que se enfrenta un estudiante de español como lengua extranjera.

Las narraciones, que no se inscriben dentro de un mismo "género literario", nunca **son** adaptaciones de obras, sino **originales** creados *ex profeso* para el fin que persiguen, y en ellas se ha intentado conjugar tanto amenidad como valor didáctico, todo ello teniendo siempre presente al lector, una persona joven o adulta con intereses variados.

PRIMERA PARTE
Comprensión lectora

1. Teniendo en cuenta el relato que has leído, di si son verdaderas o falsas las siguientes frases:

a. La Agencia Forner está dirigida por el señor Forner. (Pág.10) ☐ V / F ☐

b. El marido de Marga Ramos habló por teléfono de los conquistadores ingleses. (Pág.12) ☐ V / F ☐

c. A las tres de la tarde, Ricardo Fernández no suele estar en su despacho. (Pág. 14) ☐ V / F ☐

d. En los periódicos salía publicada la noticia de la desaparición del señor Ricardo Fernández. (Pág. 21) ☐ V / F ☐

e. A Maite Rovira le gustan las películas de ciencia-ficción. (Pág. 24) ☐ V / F ☐

f. Silvia Gruber dice que conoce a Carla Wagner. (Pág. 26) ☐ V / F ☐

g. Marga Ramos y Ricardo Fernández trabajaban juntos antes de casarse. (Pág. 30) ☐ V / F ☐

h. La persona encargada de repartir la mercancía era Ricardo Fernández. (Pág. 34) ☐ V / F ☐

i. Marga Ramos no sabía nada de los negocios de su marido. (Pág. 37) ☐ V / F ☐

j. Antonio Costa mata a Marga Ramos para quedarse con todos los diamantes. (Pág. 40) ☐ V / F ☐

2. De las tres frases que aparecen a continuación, sólo una recoge el sentido de lo que se ha dicho en el texto. Marca cuál es.

A. pág. 9
   a. Al padre de Marga Ramos no le gusta el despacho de su hija porque está muy sucio.
   b. El padre de Marga Ramos quiere cerrar la herencia del marido para poder cobrar.
   c. El padre de Marga Ramos cree que ella tiene que trabajar otra vez con él y no como detective.

B. pág. 16
   a. El timbre del número 12 era el de arriba a la izquierda.
   b. En la puerta número 12 no había ningún nombre.
   c. Los buzones de la casa donde vivía Carla Wagner no tenían escrito ningún nombre.

C. pág. 25
   a. Silvia Gruber dice ser amiga de Ricardo Fernández.
   b. Silvia Gruber está algo celosa del trabajo de Ricardo Fernández.
   c. A Silvia Gruber le extraña la desaparición de Ricardo Fernández.

D. pág. 27
   a. La película de «Los Conquistadores de Marte» no podía tener éxito y fue un fracaso.
   b. «Los Conquistadores de Marte» es una película sobre cuatro niños: un mutante, un androide, un guerrero y una piloto.
   c. «Los Conquistadores de Marte» es una de las muchas historias del espacio con carísimos efectos especiales.

E. pág. 30
   a. Marga Ramos dejó el trabajo cuando conoció a Ricardo Fernández.
   b. Marga Ramos tenía un importante trabajo en la sección de exportaciones y viajaba mucho al extranjero.
   c. Ricardo Fernández se casó con su secretaria.

F. pág. 38
  a. Antonio Costa es un caballero y por eso mató a Carla Wagner.
  b. Maite Rovira opinaba que Antonio Costa era un caballero.
  c. Maite Rovira creía que Antonio Costa no podía hacerle daño.

G. pág. 40
  a. Uno de los muñecos, que estaba en la habitación de la niña, tenía los diamantes en su interior.
  b. La hija de Marga Ramos tenía que olvidar lo de los diamantes y sus abuelos la iban a ayudar.
  c. Con los diamantes de su interior, los mutantes ayudaban al hombre en la conquista de Marte.

SEGUNDA PARTE
Gramática y notas

3. En los siguientes fragmentos aparecen algunos tiempos verbales del pasado. Fíjate en sus usos. ¿Cuándo se usa una u otra forma?

El timbre del teléfono me **despertó**, sobresaltada, cuando **soñaba** que mi hija **se casaba** por todo lo alto en la mismísima iglesia de Santa María del Mar. **Estaba** tumbada sobre el sofá de mi despacho, en la parte vieja de la ciudad, cerca del Ensanche. La siesta **era** obligatoria con aquel calor y además **tenía** pocos clientes. Bueno, no **tenía** clientes, ni crédito en el banco, ni señora de la limpieza, ni una secretaria en la agencia. Mis ahorros **volaban** como el humo hacia el número cero y yo **me acordaba** de los consejos de mi padre: cerrar ese sucio negocio de fisgón heredado de mi marido y volver a trabajar con él, mi padre evidentemente, y sus socios en el bufete de abogados.

Un día **estaba yo mirando** las tiendas de ropa del barrio, ya sabe, por las rebajas, y esas cosas... Mi hija **estaba** en la guardería y aún **era** pronto para recogerla. De pronto **vi** su coche aparcado en un rincón de un callejón cercano.

Vi la matrícula y el muñeco que cuelga delante. **Pensé** que tenía una reunión con algún cliente cerca de allí. Pero lo **volví** a ver al día siguiente, a la misma hora, cuando él me decía que **estaba** en el trabajo.

Hace dos noches **sonó** el teléfono. Lo **cogió** rápidamente. Nunca lo **había hecho**. **Fui** al dormitorio y **cogí** el supletorio con cuidado. **Tenía** miedo de ser oída. **Hablaba** con una mujer con acento extranjero. Creo que **hice** algo de ruido porque él, de repente, **empezó** a hablar con ella en inglés y enseguida **colgó**. No me **habló** en toda la noche y **se acostó** temprano. Estoy segura de que me **oyó**.

El hombre **salió** con rapidez y **miró** a derecha e izquierda. **Iba** bien vestido y **parecía** guapo, aunque el aspecto **era** un poco chulesco: gafas oscuras, el pelo brillante hacia atrás, oscuro y con algunas entradas. **Llevaba** un maletín de ejecutivo, negro, de piel y con cierre de seguridad. Le **seguí**. **Se dirigió** hacia uno de los portales de la plaza y **llamó** a un timbre. El portero automático **zumbó** y **entró** en el edificio.

3.1. ¿Conoces las formas verbales utilizadas en los fragmentos? ¿Sabes cómo se llaman? ¿Conoces otros usos de esas formas?

3.2. Imagina que todo lo que se cuenta ha tenido lugar «Esta mañana». Realiza las transformaciones necesarias y fíjate bien en lo que sucede con las diferentes formas verbales.

3.3. Teniendo en cuenta lo que has visto en los fragmentos anteriores completa el siguiente texto:

Normalmente no suelo llegar tarde al trabajo, pero ayer .... (ser) un día extraño. .... (salir) de casa a las nueve menos cuarto de la mañana .... (dormir) mal y cuando .... (sonar) el despertador ni siquiera lo ...., (oír). El autobús .... (llegar) con media hora de retraso. .... (estar) lleno. La gente .... (llevar) la cara de sueño de todas las mañanas. A mi derecha .... (haber) una señora mayor que .... (cerrar) de vez en cuando los ojos y que .... (parecer) que .... (ir) a caerse en cualquier momento. .... (llevar) un vestido verde que .... (*tener*) ya algunos años y que no le .... (*quedar*) bien. .... (*estar*) sentada al lado de un hombre de unos cincuenta años de edad.

3.4. Una vez realizados todos estos ejercicios, ¿qué puedes decir del uso de las distintas formas del pasado en español? Intenta elaborar una explicación.

4. **¡Fíjate bien! Las formas en cursiva (*Estar* + participio), que aparecen a lo largo del relato, expresan un estado, pero para llegar a él antes debe haberse realizado una acción. Forma frases que justifiquen las que aparecen más abajo (tienes muchas posibilidades).**

Ejemplo: *Estaba tumbada* sobre el sofá de mi despacho.
Cuando llegó se acostó / se tumbó en el sofá, y cuando yo abrí la puerta estaba tumbada sobre el sofá de mi despacho.

Una de las habitaciones **estaba amueblada** con señales de que alguien la habitaba.
El suelo **estaba cubierto** de ropa y papeles que formaban una alfombra desordenada.
La caja del despertador **estaba abierta** a la fuerza y las pilas estaban también sobre la cama.
Estaba vestida con una camiseta de punto y unos pantalones abombados de satén.
El pelo rubio, con canas, y rizado ***estaba desordenado***.
Comprenderá que nosotros también ***estamos preocupados***.
Los niños siguieron chillando y la rodearon. ***Estaba atrapada***.
Supongo que ***está tan extrañada*** como yo.
Pero ahora no ***estaba afeitado***, parecía sucio.
Me temo que ***estamos desesperados*** y no podemos dejarla aquí.
Digo lo que oye. ***Está detenido***..., sólo por tráfico.
Usted esperaba oír que su marido ***estaba detenido*** por asesinato.

5. **A lo largo del relato han ido apareciendo diversas frases hechas, algunas de las cuales figuran en la columna de la izquierda. Busca su significado en la columna de la derecha y después intenta formar algunas frases en las que el contexto deje claro el uso de la expresión.**

a. Por todo lo alto.
b. Meter la pata.
c. En guardia.
d. Ponérsele a alguien los pelos de punta.
e. Tragársele a alguien la tierra.
f. Ir al grano.
g. Dar la paliza.
h. Cabeza de turco.

1. Desaparecer sin dejar ninguna señal.
2. Sentir miedo.
3. Molestar, cansar a alguien con lo que se dice.
4. Centrarse en lo importante.
5. Con mucho lujo, de forma muy lujosa.
6. En actitud de defensa, vigilante.
7. Persona considerada la única culpable.
8. Equivocarse; decir o hacer algo poco apropiado.

Ejemplo: **a - 5**
Leonor era hija única y cuando se casó, sus padres lo celebraron como auténticos multimillonarios, por todo lo alto.

6. **Fíjate en las siguientes frases y realiza, teniendo en cuenta la nota de la pag. 10, las transformaciones necesarias para expresar lo mismo en un tiempo pasado no relacionado con el presente.**

Juan: la película empieza dentro de diez minutos.
Juan dijo que la película empezaba diez minutos más tarde.
Juan dijo que la película empezaba al cabo de diez minutos.

MUERTE ENTRE MUÑECOS

a. José: son sólo las diez y media. Seguro que Javi y Marisa llegan dentro de diez minutos.
b. José Manuel: volveré a Barcelona dentro de tres meses.
c. Víctor: dentro de tres semanas voy a Sevilla.
d. David: te llamo dentro de una hora. ¿Vale?
e. Esther: dentro de dos semanas voy a casa de mis padres.

¿Eres capaz de deducir cómo deben transformarse las siguientes frases?
f. Jorge: tu hermano ha llamado hace media hora.
g. Ramón: hace un mes vi a tu padre en el mercado.
h. Valentín: he llegado hace diez minutos.
i. Ana: estuve aquí hace un año.

7. Del texto de las páginas 13 y 14 que sigue a continuación han desaparecido varias palabras, que ya conoces, relacionadas con la CIUDAD y con la vida cotidiana en ésta. Intenta encontrarlas. Te pueden ayudar las definiciones que tienes en la página siguiente.

Aparqué el coche cerca del lugar que me había dicho ella. Era la [1]............ de la Villa Olímpica e, increíblemente, encontré un lugar libre para dejar el coche. [2]............ nuevos y limpios, [3]............ cuidados, pocas [4]............ y [5]............ de diseño a pocos metros del [6]............ deportivo. La gente tomaba cerveza fría en las [7]............ y oía música. Caminé aburrida por la [8]............ cerca del [9]............ El coche aún no estaba. Llegó medio paquete de cigarrillos más tarde, alrededor de las tres y media. Aparcó más allá, en una [10]............ interior de un conjunto de [11]............ El hombre salió con rapidez y miró a derecha e izquierda. Iba bien vestido y parecía guapo, aunque el aspecto era un poco chulesco: gafas oscuras, el pelo brillante hacia atrás, oscuro y con algunas entradas. Llevaba un maletín de ejecutivo, negro, de piel y con cierre de seguridad. Le seguí. Se dirigió hacia uno de los [12]............ de la [13]............ y llamó a un [14]............. El [15]............ zumbó y entró en el [16]............

Tengo buena vista. El botón que apretó era el más alto de la izquierda. Llamé desde una [17]............ a la empresa y pregunté por Ricardo Fernández.

1. Extensión de terreno que comprende un espacio concreto.
2. Construcción destinada a la vivienda o a otros usos.
3. Terreno en el que se cultivan plantas y flores.
4. Lugar, generalmente cerrado, donde se venden distintos productos.
5. Especie de «lámparas» en las calles.
6. Lugar en el mar, en el río, en un lago, cerca de tierra, donde están los barcos.
7. Lugar cerca de un bar o café donde se colocan mesas para los clientes.
8. Parte de la calle destinada para los que van a pie.
9. Especie de calle muy estrecha.
10. Lugar espacioso en el que coinciden varias calles.
11. Piso pequeño.
12. Parte en la que se encuentra la puerta de entrada exterior de un edificio.
13. Lugar espacioso en el que coinciden varias calles.
14. Aparato (teléfono, puerta, etc.) que emite un sonido que llama la atención.
15. Mecanismo para abrir la puerta exterior de un edificio desde el interior de éste.
16. Construcción destinada a la vivienda o a otros usos.
17. Lugar normalmente cerrado en cuyo interior hay un teléfono público.

8. Fíjate en las siguientes expresiones y forma frases usando el tiempo del pasado adecuado en cada caso.

a. Cuando soñaba...
b. Hace un año...
c. Al cabo de una hora...
d. Desde hace...
e. Como siempre...
f. Un día...
g. Al día siguiente...
h. Aquella tarde...
i. Cuando salí...
j. A las dos de la tarde...
k. Un cuarto de hora más tarde...

l. Antes de ir...
m. Hasta aquel momento...
n. Entonces...
ñ. Mientras...

9. **Elige la opción adecuada en las siguientes frases. Ten en cuenta que la respuesta se encuentra en las páginas y notas del relato.**

   1. **Santa María del Mar es:**
      ☐ a. la patrona de Barcelona.
      ☐ b. una famosa iglesia de Barcelona.
      ☐ c. una de las santas más populares de Barcelona.

   2. **La Villa Olímpica se construyó con motivo de las Olimpiadas de:**
      ☐ a. 1992.
      ☐ b. 1988.
      ☐ c. 1996.

   3. **«Cava» es el nombre que recibe:**
      ☐ a. un modelo de excavadora muy potente.
      ☐ b. un vino espumoso semejante al champán.
      ☐ c. una famosa bodega catalana.

   4. **Las Páginas amarillas son:**
      ☐ a. un libro en el que aparecen sólo los nombres de las tiendas más caras de la ciudad.
      ☐ b. un listín de todos los teléfonos de la ciudad.
      ☐ c. un listín de teléfonos en el que aparecen los números de teléfonos de comercios, servicios, etc.

   5. **Entre las calles de Barcelona destaca:**
      ☐ a. el Ensanche.
      ☐ b. la Diagonal.
      ☐ c. Sarriá.

6. **En España se suele comer:**
   ☐ a. entre la una y media y las tres de la tarde.
   ☐ b. a las doce del mediodía.
   ☐ c. a partir de las cuatro.

7. **Una de las características de lo que se llama «el acento andaluz» es:**
   ☐ a. la pronunciación de una «l» palatal.
   ☐ b. el ceceo o el seseo.
   ☐ c. la pronunciación de la «d» al final de palabra como «z».

8. **La bajada de los precios de algunos artículos durante el mes de enero, recibe el nombre de:**
   ☐ a. bajón.
   ☐ b. descuentos.
   ☐ c. rebajas.

9. **El lugar, cerca de un bar, en el que hay colocadas mesas para atender a los clientes recibe le nombre de:**
   ☐ a. balcón.
   ☐ b. terraza.
   ☐ c. plazuela.

10. **Si alguien te pregunta: «¿Quieres algo para picar?»,**
    ☐ a. te está diciendo que no le molestes.
    ☐ b. te estás ofreciendo trabajo.
    ☐ c. te está ofreciendo algo para comer.

11. **Si en un bar español pides una cerveza:**
    ☐ a. siempre te la servirán fría.
    ☐ b. siempre te la servirán de barril.
    ☐ c. siempre te la servirán sin vaso.

TERCERA PARTE
Expresión escrita

1. En el texto se habla en varias ocasiones de barrios altos, ricos, etc., y aparece alguna descripción de un piso lujoso. **Describe lo que para ti es un piso lujoso y todas aquellas cosas que debe tener para serlo.** La lista de palabras que tienes a continuación te puede ayudar. Aquéllas que no entiendas búscalas en el diccionario o consúltalas con tus compañeros o tus profesores.

- Aire acondicionado individual.
- Parquet flotante.
- Acristalamiento con doble vidrio.
- Videoportero.
- Antena parabólica.
- Armarios empotrados.
- Grifería monomando.
- Dos baños.
- Gran salón.
- Terraza.
- Trastero.
- Jardín.
- Piscina comunitaria.
- Ascensor.
- Aseo.
- 3 dormitorios.
- Moqueta.
- Cocina con vitrocerámica.
- Campana extractora.
- Horno.
- Microondas digital.
- Exterior.
- Garaje opcional.
- Mármol.
- Carpintería aluminio.
- Calefacción.
- Alarma.

2. Maite Rovira, como buena detective, lleva un archivo en el que resume todos los casos en los que ha trabajado. La ficha del caso de los Muñecos de Ludocesma aún no está completa. Complétala tú.

Cliente: Marga Ramos **Adelanto: Horas trabajadas: Teléfono de contacto:**
Dirección:

Resumen de actividades:

Gastos:

Resolución del caso:

3. A lo largo de toda la historia aparecen diversos personajes. Maite Rovira tiene que hacer una ficha de cada uno de ellos, con todos sus datos personales, sus características físicas, sus rasgos de carácter, etc. Ayúdala. Puedes inventarte cosas que no han aparecido en el relato.

Nombre:
Apellidos:

Dirección:
Teléfono:

Rasgos físicos:

Carácter:

Principales virtudes:

Principales defectos:

Datos sobre su familia:

4. En cierto momento de la historia, Ricardo Fernández desaparece y nadie sabe dónde está. Imagina que ha sido raptado y que tiene que escribir una breve carta a su esposa pidiéndole que pague el rescate que piden los secuestradores. ¿Puedes ayudarle a escribirla? (Si lo prefieres, puedes escribir una carta en la que Ricardo le diga a su mujer que la abandona y en la que le explique las causas).

5. Estás en la página 31, al principio del capítulo VI. Imagina un final distinto para la historia intentando presentar aquellos detalles que justifican tu elección.

CUARTA PARTE
Expresión oral

1. A continuación tienes los planos de dos pisos ¿cuál te parece que puede ser más lujoso?, ¿por qué? De la lista de palabras del ejercicio de la página 53, ¿qué cosas pondrías en cada habitación? Comenta tus elecciones con tus compañeros.

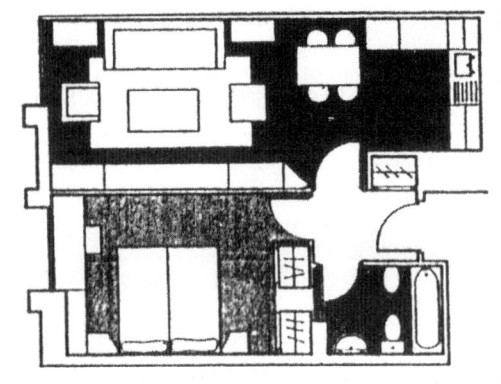

2. Teniendo en cuenta las fichas que has completado en el ejercicio de la página 55, comenta con tus compañeros por qué supones que tienen las características que les has dado los personajes de la historia.

3. Comenta con tus compañeros si la historia te parece posible o no y el porqué. ¿Crees que cosas así pueden suceder?

4. Sobre todos los personajes que aparecen en la historia tienes ya una idea más o menos formada, pero ¿cómo crees que es Maite Rovira? ¿Crees que las mujeres pueden ser detectives, o hay profesiones femeninas y profesiones masculinas? Coméntalo con tus compañeros. Para hablar del tema te pueden ayudar los siguientes recortes de prensa.

1. Algunas propuestas para evitar el sexismo en el lenguaje

Sustituir las palabras *hombre y hombres* con sentido universal por **persona/as, ser/seres, humano/s, especie humana, género humano, pueblo, población.**

Evitar el uso del plural masculino cuando se habla de pueblos, categorías, grupos, etc.

Debe expresarse mediante géneros. Ejemplo: Los romanos = **El pueblo romano.**

Utilizar, en la medida de lo posible, términos epicenos en lugar de los marcados con desinencias masculina o femenina. Ejemplo: Profesor = **Profesorado.**

En el caso de no existir términos epicenos válidos, explicar detrás **hombres y mujeres o ambos géneros.**

Evitar citar a las mujeres como una categoría aparte. Ejemplo: Estudiantes, mujeres, desocupados, jubilados... = **Mujeres y hombres, estudiantes desocupados, jubilados...** (En la primera frase citar a las mujeres aparte equivale a excluirlas de las otras categorías).

Evitar la designación asimétrica de hombres y mujeres en el campo político, social y cultural. La designación debe ser paralela. Ejemplo: La Thatcher... Reagan= **Thatcher... Reagan** o **La Thatcher... el Reagan.**

Abolir el uso del título señorita que tiende a disminuir y es asimétrico respecto a señorito. Ejemplo: Ha llegado el doctor Marcos con la señora González y la señorita Llopis = **Han llegado las señoras González y Llopis con el doctor Marcos.**

Evitar el uso exclusivo del masculino para nombres de profesiones, oficios y carreras, cuando el femenino existe. Ejemplo: Juana Válmez, médico o secretario de Estado, director de orquesta... = **Juana Válmez, médica o secretaria de Estado, directora de orquesta...**

2. Cristina Sánchez

La torera madrileña ha conseguido, a sus 24 años, mostrar su torería y pasar a la historia corrida tras corrida

Cristina Sánchez es la primera mujer que en toda la historia del toreo (dos siglos largos nos contemplan) ha alcanzado la categoría de matador de toros. En estos tiempos que vivimos, donde la vaciedad pretende compensarse con una curiosa vocacion de trascendencia, cualquier sucedido es histórico. «Subida histórica de la gasolina!». Y, efectivamente, nunca había sido tan cara en toda la historia del motor de explosión; pero volverá a hacer historia cada vez que suba cinco céntimos.

La entrada de Cristina Sánchez en la historia del toreo es, sin embargo, señera por esa alternativa que le dio Curro Romero el pasado 24 de mayo en Nimes. Y de ahí en adelante seguirá haciendo historia: por primera vez una matadora torea en la feria de Burgos (29 de junio, Dios mediante, alternando con Ortega Cano y El Cordobés). Como la hizo años atrás desde que debutó con picadores en la feria de Valdemorillo el 13 de febrero de 1993: por primera vez en la historia (Toledo, 24 de julio de aquel año) una mujer lidia seis novillos como única espada: por primera vez en la historia (Madrid, 8 de julio de 1995) una mujer sale a hombros por la puerta grande de Las Ventas; por primera vez en la historia (Sevilla, 4 de septiembre del propio 1995) una mujer sale a hombros en la Maestranza.

Y de ahí en adelante, páginas y páginas aún no escritas de la historia de la fiesta, porque una mujer no había llegado nunca tan lejos. Qué aporta Cristina Sánchez en cuanto torera, ésa ya es historia distinta. Los públicos la han recibido con benevolencia, los toreros con recelo, la crítica según los gustos de cada cual y ella se ha dedicado a torear. Y de esa suma de criterios y voluntades se deduce que Cristina Sánchez es torera cabal; torera de vocación, con recursos y valentía.

Segura en el manejo de capotes y muletas, añade esa concepción interpretativa que los aficionados de todos los tiempos llamaron torería. El toreo de Cristina Sánchez es serio y no añade ningún toque femenino de relevancia, salvo el que se deriva lógicamente de su condición de mujer. Es decir, que cuando le grita al toro «¡je!» resuena en la plaza una vocecita blanca enternecedora, que contrasta con el «¡je!» macho y bronco de los compañeros de profesión con quienes alterna.

Sopas con onda

Pero esto no pasa de ser la periferia de una realidad que guarda muy distintos contenidos. Porque a la hora de torear, en el momento inmediato que sigue al «je» del cite, Cristina Sánchez torea y sus compañeros de profesión puede que no lleguen a tanto. En aquella tarde valdemorillana de su debú, con las triunfales actuaciones de la Maestranza y de Las Ventas, en las Fallas de Valencia, en el abono madrileño que aún dura, Cristina Sánchez les dio sopas con onda a sus colegas de terna. Pues mientras éstos rubricaban con un desproporcionado contoneo triunfalista sus mediocres faenas, Cristina se dedicaba a torear, a medir su valor con la fiereza del toro, a intentar dominarlo, sin interponer nunca su condición femenina para ganarse el favor de la galería.

La faena que le hizo a un novillo en Madrid el pasado 1 de mayo resultó de altos vuelos. Las tandas de redondos que entonces cuajó –con sus pases de pecho largos, con sus cambios de mano airosos, con sus ceñidas trincherillas– han quedado como muestra del mejor toreo que se haya producido en el abono madrileño.

Llega a verla Marcial Lalanda, ya fallecido, y habría repetido lo que dijo de una actuación de Juanita de la Cruz en un festejo de los años de la guerra: «El mejor torero de esta tarde ha sido Juanita». Eran otros tiempos. Se acababa de levantar la prohibición que había para el toreo femenino y las mujeres podían actuar en el uso de sus derechos, si les placía.

3. Diferencias estructurales en los cerebros de los hombres y las mujeres

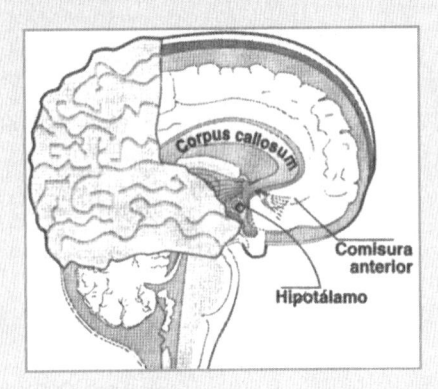

Corpus callosum
Comisura anterior
Hipotálamo

Con todos los rasgos que diferencian a hombre y mujer, en sus actos y sentimientos cabría esperar muchas diferencias en su estructura cerebral. Sin embargo –y en contra de lo que ocurre en las ratas, en las que los científicos han descubierto hasta quince diferencias según su sexo– los cerebros del hombre y la mujer apenas se diferencian en unas pocas características.

Lóbulo temporal
Esta región del córtex cerebral ayuda a controlar el oído, la memoria y la noción del tiempo.

Hombres
En hombres sanos, una pequeña región del lóbulo temporal detrás del ojo tiene aproximadamente un 10 por ciento más de neuronas que en una mujer.

Mujeres
Las mujeres tienen más neuronas en esta región que los hombres.
Esta zona procesa tanto el lenguaje, como melodías y tonos de voz.

Corpus callosum
Sus neuronas constituyen el más importante nexo de unión entre los hemisferios izquierdo y derecho del cerebro. Son el camino por el que se transmiten mensajes mutuamente.

El peso del corpus callosum de un varón tiene un volumen inferior que el de una mujer, lo que hace suponer que la comunicación entre ambos hemisferios cerebrales es menor en el hombre que en la mujer.

La parte posterior del callosum femenino es mayor que la del varón. Esto podría explicar por qué las mujeres utilizan ambos hemisferios para el lenguaje.

Comisura anterior
Esta colección de células nerviosas también conecta ambos hemisferios del cerebro. Es más pequeño y apareció, en la evolución, antes que el corpus callosum.

La comisura del hombre es más pequeña que la de la mujer, a pesar que el cerebro del primero es, generalmente, más grande.

La más larga comisura de ellas puede ser otra causa que explique por qué sus dos hemisferios cerebrales parecen colaborar más que los de los hombres en campos como el lenguaje o las respuestas emocionales.

SOLUCIONES

Antes de empezar a leer

Soluciones

2. A) 2, B) 1, C) 6, D) 5, E) 4, F) 3.

4. a. 7, b. 2, c. 3 d. 4, e. 6, f. 5, g. 9, h. 8, i. 1.

Comprensión lectora

Soluciones

1. a. F, b. F, c. V, d. F, e. F, f. V, g. V, h. V, i. F, j. F.

2. A) c, B) a, C) c, D) c, E) b, F) c, G) a.

Gramática y notas

Soluciones

3.

3.1. *Indefinido* (-ó)
Imperfecto (-aba / -ía).
Pluscuamperfecto (había -ado / -ido).

3.3. fue / era, salí, había dormido, sonó, oí, llegó, estaba, llevaba, había, cerraba, parecía, iba, llevaba, tenía, quedaba, estaba.

5. a. *5,* b. *8,* c. *6,* d. *2,* e. *1,* f. *4,* g. *3,* h. *7.*

9. 1. *b,* 2. *a,* 3. *b,* 4. *c,* 5. *b,* 6. *a,* 7. *b,* 8. *c,* 9. *b,* 10. *c,* 11. *a.*

LECTURAS GRADUADAS

E-I **Amnesia**
José L. Ocasar Ariza
ISBN: 978-84-89756-72-4

E-I **La peña**
José Carlos Ortega Moreno
ISBN: 978-84-95986-05-4

E-I **Historia de una distancia**
Pablo Daniel González-Cremona
ISBN: 978-84-89756-38-0

E-I **Carnaval**
Ramón Fernández Numen
ISBN: 978-84-95986-91-7

E-II **Paisaje de otoño**
Ana M.ª Carretero Giménez
ISBN: 978-84-89756-74-8

E-II **El ascensor**
Ana Isabel Blanco Picado
ISBN: 978-84-89756-24-3

E-II **Manuela**
Eva García y Flavia Puppo
ISBN: 978-84-95986-64-1

E-II **El paraguas blanco**
Pilar Díaz Ballesteros
ISBN: 978-84-9848-126-6

E-II **El secreto de Diana**
Luisa Rodríguez Sordo
ISBN: 978-84-9848-128-0

I-I **Muerte entre muñecos**
Julio Ruiz Melero
ISBN: 978-84-89756-70-0

I-I **Azahar**
Jorge Gironés Morcillo
ISBN: 978-84-89756-39-7

I-II **Memorias de septiembre**
Susana Grande Aguado
ISBN: 978-84-89756-73-1

I-II **La biblioteca**
Isabel Marijuán Adrián
ISBN: 978-84-89756-23-6

I-II **Llegó tarde a la cita**
Víctor Benítez Canfranc
ISBN: 978-84-95986-07-8

I-II **Destino Bogotá**
Jan Peter Nauta
ISBN: 978-84-95986-89-4

I-II **En agosto del 77 nacías tú**
Pedro García García
ISBN: 978-84-95986-65-8

I-II **Las aventuras de Tron**
Francisco Casquero Pérez
ISBN: 978-84-95986-87-0

S-I **Los labios de Bárbara**
David Carrión Sánchez
ISBN: 978-84-85789-91-7

S-I **La cucaracha**
Raquel Romero Guillemas
ISBN: 978-84-89756-40-3

S-I **A los muertos no les gusta la fotografía**
Manuel Rebollar Barro
ISBN: 978-84-95986-88-7

S-I **El encuentro**
Iñaki Tarrés Chamorro
ISBN: 978-84-89756-25-0

S-II **Una música tan triste**
José L. Ocasar Ariza
ISBN: 978-84-89756-88-5

S-II **La última novela**
Abel A. Murcia Soriano
ISBN: 978-84-95986-66-5

HISTORIAS DE HISPANOAMÉRICA

E-I **Presente perpetuo**
Gerardo Beltrán
ISBN: 978-84-9848-035-1

E-II **Regreso a las raíces**
Luz Janeth Ospina
ISBN: 978-84-95986-93-1

E-II **Con amor y con palabras**
Pedro Rodríguez Valladares
ISBN: 978-84-95986-95-5

I-I **El cuento de mi vida**
Beatriz Blanco
ISBN: 978-84-9848-124-2

I-I **Volver**
Raquel Horche Lahera
ISBN: 978-84-9848-125-9

HISTORIAS PARA LEER Y ESCUCHAR (INCLUYE CD)

E-I **Carnaval**
Ramón Fernández Numen
ISBN: 978-84-95986-92-4

E-I **Presente perpetuo**
Gerardo Beltrán
ISBN: 978-84-9848-036-8

E-II **Manuela**
Eva García y Flavia Puppo
ISBN: 978-84-95986-58-0

E-II **El paraguas blanco**
Pilar Díaz Ballesteros
ISBN: 978-84-9848-127-3

E-II **Con amor y con palabras**
Pedro Rodríguez Valladares
ISBN: 978-84-95986-96-2

E-II **Regreso a las raíces**
Luz Janeth Ospina
ISBN: 978-84-95986-94-8

I-I **Volver**
Raquel Horche Lahera
ISBN: 978-84-9848-140-2

I-II **En agosto del 77 nacías tú**
Pedro García García
ISBN: 978-84-95986-59-7

S-II **La última novela**
Abel A. Murcia Soriano
ISBN: 978-84-95986-60-3

S-I **A los muertos no les gusta la fotografía**
Manuel Rebollar
ISBN: 978-84-95986-90-0

Niveles:

E-I ➔ Elemental I	E-II ➔ Elemental II	I-I ➔ Intermedio I	I-II ➔ Intermedio II	S-I ➔ Superior I	S-II ➔ Superior II